Wanmei Huigan Diyibu

完美挥杆第一步
高尔夫礼仪与规则

——— 王林波 朱佳慧 刘志攀◎编著 ———

中国经济出版社
CHINA ECONOMIC PUBLISHING HOUSE

北 京

图书在版编目(CIP)数据

完美挥杆第一步:高尔夫礼仪与规则/王林波,朱佳慧,刘志攀编著.
北京:中国经济出版社,2015.8
ISBN 978-7-5136-3757-2

Ⅰ.①完… Ⅱ.①王…②朱…③刘… Ⅲ.①高尔夫球运动—基本知识
Ⅳ.①G849.3

中国版本图书馆 CIP 数据核字(2015)第 050710 号

责任编辑	赵静宜
责任审读	霍宏涛
责任印制	巢新强
封面设计	任燕飞

出版发行	中国经济出版社
印 刷 者	北京科信印刷有限公司
经 销 者	各地新华书店
开 本	710mm×1000mm 1/32
印 张	4.25
字 数	60 千字
版 次	2015 年 8 月第 1 版
印 次	2015 年 8 月第 1 次
定 价	32.00 元

广告经营许可证 京西工商广字第 8179 号

中国经济出版社 网址 www.economyph.com 社址 北京市西城区百万庄北街3号 邮编 100037
本版图书如存在印装质量问题,请与本社发行中心联系调换(联系电话:010-68330607)

版权所有 盗版必究(举报电话:010-68355416 010-68319282)
国家版权局反盗版举报中心(举报电话:12390)   服务热线:010-88386794

序　言

　　高尔夫这项运动原本离我很遥远,一个极为偶然的机会,林英虎先生将我带入了高尔夫运动的大门。的确,不打高尔夫也许不会有什么损失,但打了高尔夫却让我有完全不同的体验。随着时间的推移,我越来越喜欢高尔夫。伴随着对高尔夫运动的了解,我逐渐认识到高尔夫运动在中国距离大众运动还比较遥远,但在其他许多国家已经是一项大众化的运动项目。我发现,国内许多高尔夫运动爱好者都没有接受过正规的训练,包括礼仪和规则,很多都是在和朋友打球的过程中获得的。

　　我觉得,这样一项优美的运动,在中国没有得到普及实在是一件遗憾的事情,"独乐乐不如众乐乐",高尔夫运动已经要回归奥运会了,也应该回归普通大众,大家即使是抱着观赏的心态,也有必要了解一下有关高尔夫的知识。所

 完美挥杆第一步：高尔夫礼仪与规则

以，在本书中我尝试着介绍一下高尔夫运动，以期让更多的人了解高尔夫、参与到高尔夫运动中来，体验不一样的乐趣。

欢迎各位读者朋友与我交流，我的邮箱 bei-jing@okpga.com。

目 录

序言

一、入门需知 …………………………… 1

　历史 ………………………………… 1

　特点 ………………………………… 7

二、高尔夫礼仪 ………………………… 11

　服装 ………………………………… 11

　安全礼仪 …………………………… 12

　保持安静 …………………………… 14

　快速打球 …………………………… 15

　优先权 ……………………………… 16

　让准备好的球员先打 ……………… 18

　正确处理削起的草皮断片 ………… 19

　果岭上的礼仪 ……………………… 20

观赏高尔夫礼仪 ………………………… 21
三、高尔夫规则 ……………………………… 22
常用规则（一） ………………………… 22
常用规则（二） ………………………… 25
常用规则（三） ………………………… 29
常用规则（四） ………………………… 55
常用规则（五） ………………………… 97
常用规则（六） ………………………… 115
常用规则（七） ………………………… 124

一、入门需知

历史

1. 西方高尔夫运动发展史

有人认为,高尔夫运动发源于荷兰,后来由荷兰商人将它传到苏格兰,高尔夫运动在苏格兰得到进一步的完善和发展。高尔夫球为荷兰文"kolf"的音译。据说,有一幅14世纪的荷兰古画,画面上三人手执小球,另一个人持棒击球,有人认为这就是最早的荷兰高尔夫球运动。荷兰的历史学家称,大约14世纪中叶到16世纪,荷兰流行一种被称为"考尔文"的在冰面上打球的游戏,球杆和球的形状、击球方法以及击球用语等都与高尔夫运动非常类似。但由于考尔文游戏不是击球入洞,而以是否击中立柱来决出胜负,所以大多数学者认为荷兰不是高尔夫的发源地。

据说多年以前,在苏格兰,气候非常适宜牧

草生长，在牧场里，当羊群吃草、玩嬉之际，牧羊人闲暇无事，常常用手里的牧羊棍打击小的石头进入兔子洞里，他们感到这种击石入洞的游戏非常吸引人，久而久之就产生了相关技术、力量因素和争强比胜的意识。有时比谁击得远，有时比谁击得准，有时比谁既远又准，二者兼而有之。牧羊人在游戏之前习惯带一瓶烈酒，为了助兴或者保暖，在每次击球之前习惯喝一小瓶盖酒。这一小瓶盖相当于一盎司，喝到最后发现喝了18瓶盖也就是18盎司酒，所以这就是最早的18洞的由来。这形成了高尔夫运动的原始形态。

最早有关高尔夫的记载出现在1457年，由于士兵狂热地迷恋高尔夫运动而影响了训练，当时的苏格兰国王詹姆斯二世命令议会颁布法令禁止高尔夫运动。据记载，欧洲文艺复兴时期苏格兰高尔夫运动得到了上至贵族下至百姓的狂热喜爱。1641年，当国王查尔斯一世被告知爱尔兰人造反的消息时，他正在高尔夫球场上打球。

在经历了三百年的民间游戏之路后，终于，在1744年，在苏格兰诞生了世界上第一家高尔夫俱乐部——"绅士高尔夫球社",即现在的"爱丁堡高尔夫俱乐部"。

荷兰人在与苏格兰人争执到底谁才是现代高尔夫运动的发明者时败下阵来。当圣安德鲁斯老球场成为全世界高尔夫人心目中的麦加圣地后,关于高尔夫的起源,世界的另一端又掀起了新一波的讨论。

2. 中国"高尔夫"运动史

2005年4月,一个新物证的发现再次引发了高尔夫起源的争论。中国西北师范大学体育系的凌洪龄教授发现了新证据并提出,据相关史料记载,中国在南唐时期(约943年)便有类似于高尔夫运动的游戏——捶丸,比苏格兰中世纪的起源还要早500年。顾名思义,捶者,打也;丸者,球也,并且还是击球入窝。"捶丸"是由唐代的"步打球"演变而来。北宋时又称"步击"。宋元之际,"捶丸"活动流行于中国北方民间。

山西洪洞县广胜寺水神庙壁画中的宋代《捶丸图》,可为一佐证(见下图)。图中四人,一人持棒，正待击球入穴，情境逼真，栩栩如生。从史料记载可以看出，"捶丸"作为一个完整的体育活动项目，无论在方法、规则，还是在群众中开展的广泛程度上皆具有相当的规模，且已定型了。

1889年，皇家香港俱乐部成立。1896年，中国上海高尔夫俱乐部成立，标志着这项当时已有几百年历史的运动进入了中国内地。中国现代高尔夫运动始于1984年广东中山温泉高尔夫俱乐部的成立。当时，随着1978年改革的深入，时任全国人大委员会副委员长的廖承志表示在中国可以考虑建设高尔夫球场，为来中国投资的外商、政要们提供休闲、度假的场所。于是霍英东投资成立了中国第一家球场，填补了现代中国高尔夫运动的空白！

一、入门需知

高尔夫运动进入中国的 30 多年以来，前 20 年发展得比较缓慢，直到 2003 年，一个事件加速了高尔夫在中国的发展。2003 年有什么重大事件？SARS，没错，正是非典！据统计，目前打高球的人群中有一半是在 2003 年接触高尔夫并爱上这项运动的！非典期间，到处弥漫着紧张的气氛，但是在高尔夫球场人们可以完全放松，人们都是带着乐观、坚定、对别人负责任的态度来打球，而这也正是高尔夫运动的精髓。

我最喜欢的是人们对 SARS 的重新解读，S：stance，代表站位；A：address，代表击球准备；R：relax，代表放松；S：swing，代表挥杆！这正好描绘出了高尔夫的击球流程！可以这样说，今天我们在对非典心有余悸的同时，还要心存感激，是这样一个特殊的时期，让我们认识到要笑对人生，享受珍贵的阳光和空气，享受高尔夫这种健康的生活方式。

3. 现代高尔夫运动发展史

现代高尔夫运动起源于苏格兰，一场打 18 洞的基本规则确立于苏格兰，第一个高尔夫球场

 完美挥杆第一步：高尔夫礼仪与规则

与高尔夫俱乐部源于苏格兰。史上第一个高尔夫巡回锦标赛也是在苏格兰举办。现代化的高尔夫运动就由苏格兰传往英格兰，之后普及到全世界。虽然谣传苏格兰女王玛丽一世曾在1567年玩过正式的高尔夫球，但是真正有记载的高尔夫比赛是1672年在Musselburgh Racecourse的一个高尔夫球场举行的。1754年，圣安德鲁斯皇家&古老高尔夫俱乐部成立，这是目前世界上最古老的高尔夫俱乐部，也是高尔夫运动传播的中心。

始于18世纪70年代的英国工业革命不仅是一场技术革命，也是一次深刻的社会变革，它使英国社会发生了巨大的变化。工业革命使得英国的中产阶级有了更多的闲暇和收入，这些中产阶级为了彰显自己的地位，纷纷效仿皇家贵族的生活方式，前往苏格兰度假。在苏格兰，他们有机会参与高尔夫运动并且完全沉溺于其中。当度假结束后，他们把高尔夫运动带回了英格兰。

另外，高尔夫运动历时500年而不衰的生命力不仅在于该项运动是男女老幼咸宜的运动，而且在于高尔夫运动同拳击和网球运动一样，是当

代体育个人比赛中奖金数额最高昂的项目之一。有的运动员一年之中可获得高达65万美元的奖金，只不过两三年的工夫，就可以成为百万富翁。

特点

第一，这项运动中，人与自然和谐相处。这是不言而喻的。这是一项健康高雅的运动，需要参与者随时为他人着想，营造一个良好的环境和氛围。这项运动所要求的细致入微的礼仪文化，对于青少年养成良好的品德起着潜移默化的作用，有助于培养他们优雅的气质。

第二，具有很强的可参与性。很多体育运动项目是具有对抗性的，如篮球、乒乓球运动，同时，很多娱乐休闲活动有人数制约，如斗地主、打麻将等娱乐活动。高尔夫既可结伴对抗，又可单人休闲，既能男女配对参加比赛，又能老少同组，更适合家庭团聚，不论以什么方式，人们都可以尽情挥杆，享受快乐。

完美挥杆第一步：高尔夫礼仪与规则

第三，独具健身价值。一个高尔夫球场的面积大约2000亩左右，完成一场高尔夫比赛需要步行11公里左右！很多常年打高尔夫的朋友可能都要感概一下，自己居然可以走11公里并不觉得疲惫！高尔夫运动的健身价值可见一斑！

第四，注重礼仪，讲究自律。这也是高尔夫最迷人的地方，没有裁判，没有对手，这需要很强的自律性。在2010年的美国威斯康星青少年PGA比赛中，14岁的扎克－纳什在赢得比赛后发现自己的球包中多了1支球杆，于是他做出了让很多人惊讶的决定——取消了自己的参赛资格，这在外人看来需要多么大的勇气！作为一个普通的青少年，他在外人完全不知情的情况下，主动承认自己触犯了规则，每个洞多带一支球杆将被多罚两杆。他将已经到手的奖杯主动退还给了主办方。这名少年的举动，令他的父亲和母亲感到非常骄傲。高尔夫运动已经使这个孩子有了很强的自律精神，这也是为什么现在很多家长培养孩子打高尔夫的原因之一。高尔夫运动在没有裁判监督的情形下进行，完全依靠参与者的诚实。如果孩子们从小就能够遵守在球场上的规则和礼仪，相信他们长大后也一定会很好地遵守社会规则。因为通过高尔夫运动能够让孩子们学到更多做人的道理，本书会在后文中着重谈到一些礼仪。

第五，这项运动会带给参与者新鲜感和刺激。高尔夫运动不仅仅是打球，它更像是人生旅途，会经历顺境、逆境，会享受美得令人窒息的风景，也会有逆风来袭的时候。一旦踏上了球场，你就必须集中注意力，独立面对比赛中可能出现的各种困难，学习如何通过缜密的思考，做出正确的判断，找到解决方案，并独自承担一切后果。也许，你常常还会遇到这样的情况：刚刚还在为抓到一个小鸟球而欢呼雀跃，下一刻大风就把小白球吹跑了；或者你才在上一个洞吞了柏忌，下一个洞你就为抓了老鹰而兴奋不已。在高尔夫球场上，短暂的领先并不代表最终的胜利，而一时的落后也不意味着全盘失败，只有凭借坚强的毅力，坚持到底，才有可能成为最后的赢家。打球过程中的这些磨练与考验使成长中的青少年受益匪浅。在种种历练之后,他们可以学会如何调节情绪与心境,直面挫折,抵御压力,如何保持积极进取的心态去应对每一次挑战,这其中的微妙感觉只有在你酣畅淋漓地打一场球之后才能领略。

二、高尔夫礼仪

服装

长期以来，高尔夫运动对着装有特别的规定。在现代高尔夫的发源地苏格兰，从高尔夫运动发展成为贵族运动起，就要求人们必须穿夹克、衬衫，系领带。随着高尔夫的发展，在球场着装方面，人们已经不再仅满足于黑白胶片时代的舒适感，而是需要彩色成像技术后的时尚炫目。

打高尔夫球时，男子应穿袖领俱全的运动衫、长裤（在非正式比赛场合可以穿短裤），禁止穿圆领 T 恤衫、无领无袖背心、普通硬领衬衣、牛仔裤、紧口运动裤、运动短裤。对于女子的规定要宽松一些，女子的上衣和下装要分开、上衣可无袖，但需有领子；下身可着长裤、过膝的短裤、裙裤；可以用各种配饰彰显个性。男女

完美挥杆第一步：高尔夫礼仪与规则

都要穿专业的高尔夫球鞋。以上的规则虽然谈不上是人人恪守如一，但多年以来基本如此。

直到2003年，"老虎"伍兹的一件圆领衫首次打破了高尔夫数百年的着装天条：必须穿有领的上衣才能进入高尔夫球场。身着圆领衫，"老虎"同样是高尔夫球坛上那只猛"虎"。就像韩裔小美女魏圣美说的那样："在球场上，你爱怎们穿就怎么穿，只要让人看着觉得是在打高尔夫，又不影响自己的发挥就行。"

安全礼仪

安全在高尔夫运动中是如此之重要，以至于

二、高尔夫礼仪

高尔夫规则和礼仪都将其列在开篇的首要位置。如果球员对高尔夫球和球杆的坚硬程度没有足够的认识,球场将变成一个危险之地。要知道,高尔夫球的飞行时速最高能达到270公里,我们要对它足够重视。

第一,不要对着有人的地方击球或连续空挥杆,因为击出的球或无意间打起的石块、树枝、草皮等有可能打中他人;再者,这也是不礼貌的行为。

第二,注意不要在有人走过身旁的时候挥

完美挥杆第一步：高尔夫礼仪与规则

杆，也不要在别人挥杆时从他身旁走过。

第三，击球者在挥杆前应确认周围的球友已站离一定的距离，前后左右务必确认没有危及他人安全后再打球。如果球员打球后球飞向可能会击中别人的方向，球员应当立即大声喊出"看球"。

保持安静

保持球场安静十分重要。打球时球员需要全神贯注，自身的血压、呼吸都会影响到击球质量，更不用提外界的响动了。所以，在场上讲话时必须压低嗓音，即使你同组的球员不介意，你也要照顾附近其他组打球的客人。此外，切忌在球场上跑动，会引得其他球员分心和烦躁，还会损害草皮。

二、高尔夫礼仪

快速打球

球友们都希望尽情享受高尔夫运动的乐趣,但谁也不想一整天都耗在球场。球员在两次击球之间等待的时间过长,就会变得不耐烦,甚至会失去击球的动力。所以,为了大家的利益,打球时不要延误时间。下面是保持适当打球速度的几点建议:

完美挥杆第一步：高尔夫礼仪与规则

（1）每次击球之前只做一次挥杆练习，然后马上击球。请记住：如果你每场球打 120 杆，每次都额外用 30 秒钟做练习的话，你每场球就要多花 1 小时。

（2）击球之前做好充足的准备，不要等轮到你时才开始考虑用哪根球杆，或决定是直接打过水还是对着水障碍区前方打保险球，要趁别人击球时提前考虑周全。

（3）走向果岭时，观察好下一洞发球台的方位，然后将球杆摆放（或球车停放）在果岭距离下一发球台较近的一侧，这样打完该洞后可以少走弯路，既节省体力又不会耽误时间。

（4）紧随前面一组的球员，当他们离开果岭时，你应该已经做好击球准备。不用介意后面一组会不会赶上你，只要与前一组保持合适的距离和打球速度就行了。

优先权

向前一组球员请求先行通过，是打球中最难

二、高尔夫礼仪

实行也是最容易引起争议的情况之一。难以实行，是因为这等于在暗示他们延误了打球时间，即便是事实，也会引起对方的不悦。所以你打算先行通过，就要寻找合适的时机，十分有礼貌地提出来。以下的建议不妨一试：

（1）在提出先行通过之前，应确定前方有足够的空间。如果他们之前还有另一组在打球，那么你肯定会遭到拒绝。

（2）在得到准许后，应表示感谢，并尽快完成击球。万一你打出了一个"臭球"（申请优先权时往往会感到压力，很有可能打球失误），最好不要加打另一球，以免引起他人的反感。这时保持镇定，按照规则继续打即可。

（3）你与前一组之间已经空出一洞以上，说

完美挥杆第一步：高尔夫礼仪与规则

明你的打球速度较慢，如果你觉得后面的一组追得很紧，可能希望先行通过，应主动询问并提供方便。最合适的时机是当你到达果岭后，向后一组招手，示意先让他们打上果岭一杆。趁他们走向果岭的间隙，你完成自己的推击。之后在下一洞发球区请他们先开球。

（4）两人组最具优先通过权，三人组次之，一人组没有优先权。

让准备好的球员先打

不是参加比赛或其他正式场合时，同组球友之间打球，可以让准备好的球员先打。也就是说，即使同组某位球员的球不是离洞最远的，只要他（她）已经做好击球的准备，就可以让他（她）首先击球。前提是与同组球员事先达成共识，说明本场球将打"Ready Golf"，这样同伴就不会认为你不懂规则，相反，还会觉得你有绅士风度。

让准备好的球员先打，有助于加快打球速度。但击球之前必须确定，同组所有人都知道你

二、高尔夫礼仪

将要击球,你也知晓其他人当时所在的位置,因为你不想让球击到任何人,更不想出现同组球友同时挥杆的局面。

正确处理削起的草皮断片

在球道击球时杆头常会削起一块草皮,并随挥杆动作将其抛向空中。这是十分正常的,而且是击出好球的一种表现,在电视转播球赛中你经常能看到职业球员们出现这种情况。但如果大家都不对削起的草皮和草地上留下的打痕做任何处理,走在球道上,看到散落在各处的草皮断片和满目疮痍的球道你会做何感想?如果草皮断片在刚削起时就被放回原位,它们重新生长、不留下痕迹的机率就会很大,所以每次击球后,请在离开之前将草皮断片捡起放回原位打痕上,将混合了草种的沙子填在打痕中,再轻轻踩一踩,以帮助草皮重新生长。修复草皮断片是打高尔夫球的基本礼仪,在你之后将球打到这里的人会十分感谢你的行为。

 完美挥杆第一步：高尔夫礼仪与规则

果岭上的礼仪

果岭草是球场草皮中最脆弱、最不易维护的区域，所以我们更应对其悉心呵护。球员在果岭上只能轻柔行走，切忌跑动，同时，在迈步时需将双脚抬起，以免因拖曳导致在果岭平坦的表面留下划痕。绝对不能将球车或手推车开上果岭，那样会对果岭造成无法弥补的损害。在走上果岭之前，应将球杆、球包、球车等设备留在果岭之外，球员只需只携带推杆上果岭。

要及时修复球下落造成的果岭表面的损伤。当球落上果岭时，经常会在果岭表面形成一个下陷的凹痕，也称为果岭球痕。击球方式不同，球

痕的深浅也不同，每个球员都有义务修复由自己的球造成的球痕。方法是：用球座尖端或果岭修理叉沿凹痕周边向中心插入并挖起，直到凹陷部分与表面平齐，然后用推杆头底面轻轻敲击压实。球员在果岭上看到其他未修复的球痕时，如果时间允许，也应予以修理。不要只依赖球童去修果岭，一个真正的球员总是随身携带果岭修理叉。

观赏高尔夫礼仪

观赏球赛时，以下三点要注意：

（1）不要太靠近球，以免造成危险。

（2）保持球场安静，请勿任意喧哗，扰乱球员情绪，这是观赏球赛最重要的一点。

（3）穿着要合乎球场要求，鞋子勿伤及草皮。

三、高尔夫规则

常用规则（一）

1.公平、公正

高尔夫球的规则很多，但最重要的就是要公平、公正。

（1）比赛的条件要公平。
（2）处理各种问题时，不能只考虑到自己，应该公正。

三、高尔夫规则

2.自觉遵守规则

高尔夫球的规则虽然是由委员会来制定的，但要靠每一位球员自觉地遵守。因为每一场比赛，以公正的态度为基础，因此，自觉地遵守规则是每一位球员必须具备的素质。

3.连续击球把球打入洞内

高尔夫球比赛是根据规则，从发球台开始连续推击一个球，直到将其打入洞中为止。

4.球要保持在原位置来打

　　球员和球童不能有任何影响球的位置和运动的行为。球员要在前一次击球后，球停止的位置上接着打、如果位置不好也不能移动它。

三、高尔夫规则

常用规则（二）

1.比赛形式不同

高尔夫球比赛分为比杆赛和比洞赛，一般职业赛和业余赛采用比杆赛的形式。比杆赛是以最少的杆数打完规定一轮或几轮的比赛者为胜。比洞赛是以较少的杆数打完一洞的一方为胜，而在整场比赛中，赢得洞数多的一方为胜。

 完美挥杆第一步：高尔夫礼仪与规则

2.击球入洞可以省略吗？

在比杆赛中，球员要确定地做完击球入洞，才能到下一个发球台，否则球员要被取消资格。在比洞赛中，由于是各个洞单独比赛，如果对手确定已经赢了，则另一方就不必击球入洞了。

三、高尔夫规则

3.一般处罚

比杆赛

参赛的球员在比杆赛和比洞赛犯规时所受的处罚也不同，另有规定的情况除外。一般来说，比杆赛球员犯规要被罚两杆，而比洞赛中则罚那个洞算他输。

比洞赛

完美挥杆第一步：高尔夫礼仪与规则

4.比杆赛独有的补救方法

这种情况仅限于比杆赛。比赛中，球员对处罚程序有疑问时，他有权利打第二个球而不受罚，这个球可以一直用到入洞为止。出现疑问的情况下，球员在击第二个球之前要向他的记分员或同时参赛的球员声明他将采用哪个球记分。在提交记分卡之前要向委员会汇报这一情况，否则球员将会被取消资格。

三、高尔夫规则

常用规则（三）

1.比赛迟到了怎么办?

情况：在比赛时，如果迟到了怎么办？

处理：（1）在比赛规则中，球员迟到时要取消其比赛资格。

（2）有时会有规定，球员迟到5分钟之内不被淘汰，但要受到处罚。比杆赛中，球员被罚两杆；比洞赛中，则判开始的那个洞输。

· 29 ·

完美挥杆第一步：高尔夫礼仪与规则

2.如何决定比赛的顺序？

情况：当许多人比赛时，由谁先打呢？

处理：在第一洞发球区域上，应以编组表的顺序决定由谁先打；没有编组表时，可用抽签的方式决定。

三、高尔夫规则

3.可以向同伴询问旗杆的位置在哪儿吗?

情况: 如果第一次来这个球场,沙坑以及果岭上旗杆的位置都不知道,可以问同伴吗?

处理: 障碍区的位置或果岭上旗杆的位置,这种问题是可以咨询的,而且被询问者可以给出回答。

4.可以问同伴用几号杆吗?

情况：轮到你打球了,可以问同伴用的几号球杆吗?

处理：任何可能影响球员打球的判断,如球杆的选择、打球的方法等,在球员的谈话内容中都是不可以涉及的。询问者和回答者都涉嫌犯规,两者都要罚两杆。如果球员需要知道相关信息,可以问自己的球童。

三、高尔夫规则

5.可以向同伴借球杆吗？

情况：自己的球杆突然坏了，所带的球杆又不够这时可以向同伴借吗？

处理：可以借，但不能借用他人为自己打球选择的球杆。借过来的球杆要一直使用到比赛结束，借给你的那个人中途不可以再把球杆要回去。

 完美挥杆第一步：高尔夫礼仪与规则

6.使用了同伴的球杆怎么办？

情况：在同时比赛的球员同意的情况下，使用了他的球杆怎么办？

处理：球员不得使用正在打球的其他球员的球杆，否则两个人均被取消资格。

三、高尔夫规则

7.球从"T"上掉下来怎么办?

情况：正准备开球时，球却从"T"上掉下来了，怎么办？

处理：当杆头还没有击到球时，球员停止挥杆，被视为没有击球。那么这个掉下来的球不算是使用中的球，这时可以把球拿回"T"上再打。

 完美挥杆第一步：高尔夫礼仪与规则

8.准备时杆头把球碰掉怎么办？

情况：在做击球准备时，不小心将架在"T"上的球碰掉了怎么办？是否算打了一杆？

处理：因为没有正式击球，这个球不算使用中的球，你可以捡起来放在"T"上再打。

三、高尔夫规则

9.挥杆后球仍在"T"上怎么办？

情况：挥杆后球还在"T"上，是否算打了一杆？

处理：球员已经进行了击球，且架在"T"上面的球算使用中的球。因此，此前已算一杆，再打应算第二杆。

完美挥杆第一步：高尔夫礼仪与规则

10.空挥时球从"T"上掉下来怎么办？

情况：球员空挥了一杆，虽然杆头没有碰到球，但在"T"上的球掉下来了，怎么办？

处理：击球之后，即便球杆没有碰到球也算已经打了一杆，此时球员要从球落下的地方打第二杆。

11.空挥时球从"T"上掉下来,可以捡起来吗?

情况:球员空挥了一杆,球从"T"上掉下来,可以捡起来放回吗?

处理:球员已经进行了击球,此时的球算使用中的球,不可以再捡回。如果球员捡球,则罚一杆,此时要把球放回原来落下的地方,从第三杆开始打。

完美挥杆第一步：高尔夫礼仪与规则

12.空挥时落下的球捡回"T"上重新打了出去，怎么办？

情况：空挥时落下的球，捡起来又放回到"T"上打了出去，怎么办？

处理：这样做是要受罚的。空挥算一杆，用手去摸使用中的球罚一杆，又因没有把球放回原来的地方再罚两杆，一共要罚四杆。

三、高尔夫规则

13.不把球放在"T"上打可以吗？

情况：在发球时认为"T"太高，击球不稳定，因此不把球放在"T"上打，可以吗？

处理：用不用"T"都可以，球员可把球放在地上、地面的凸起上、沙土上，或者是架离地面的物体上都可以。

完美挥杆第一步：高尔夫礼仪与规则

14.地面高低不平可以用脚踏平吗？

情况：把球放在"T"上时，球的旁边高出一点，这时可以用脚踏平吗？

处理：在第一次发球之前，如果地面有高低不平的地方，用脚踏平是可以的。但球处于使用中时（即使是在发球台上），也不可以随意踏地。

三、高尔夫规则

15.可以把球杆的握柄包一下吗？

情况：下雨时，球杆的握柄被淋湿了，可以包裹握柄吗？

处理：用毛巾或手帕包裹握柄，或用带子缠绕握柄，或给握柄涂点润滑油都是可以的，但不能使球球杆变形。

 完美挥杆第一步：高尔夫礼仪与规则

16.打球的顺序弄错了怎么办？

情况：球员弄错打球的顺序怎么办？是否需要把球拿回去重新打？

处理：没按正确的顺序打球并不受罚，应当在球停止的位置继续发球，但如果拿回去重新打，这个球为使用中的球，就算是第三杆。

三、高尔夫规则

17.站在发球区外发球可以吗？

情况：把球放在发球区以内，但身体在发球区之外发球可以吗？

只要球在里面，站在哪儿打都无所谓。

处理：这样是可以的。只要把球放在发球区以内，球员站在哪儿打都可以。

完美挥杆第一步：高尔夫礼仪与规则

18.从错误的发球区打球怎么办？

情况：球员把发球区搞错了，在错误的发球区打了球，怎么办？

处理：球员在错误的发球区打球，算是从发球区外击球，此时要被罚两杆，然后再从正确的发球区重新打。

三、高尔夫规则

19.发球区的标志物妨碍了击球怎么办？

情况：开球时，没打出去的球恰好滚到发球区前的标志物旁边，而标志物妨碍到击球，怎么办？

处理：刚开始击球时，发球区前面的两个标志物属于固定建筑物，但在球处于使用中时，它则属于可移动的障碍物，这时你把标志物拿起来就行了。

完美挥杆第一步：高尔夫礼仪与规则

20.发球第一杆就出界了怎么办？

情况：发球时，第一杆就打出了界外，怎么办？

处理：这时应罚一杆，在原打球处或者附近再打一杆，此时算是第三杆。

三、高尔夫规则

21.第一杆时不知道是否打到了界外怎么办？

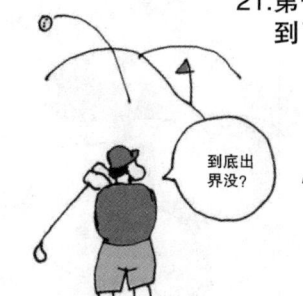

情况：第一杆发球时，球向界外的方向飞去，但不知道是否出界，这时怎么办？

处理：为了节省时间，这时最好能在开的球附近再打一个暂定球。需要注意的是，要向记分员或同伴球员说明要打暂定球的意图，并且应在开始寻找初始球之前打。

完美挥杆第一步：高尔夫礼仪与规则

22.球打到树林里怎么办？

情况：第一杆发球时，球飞到了树林里怎么办？

处理：这时应该宣布打一个暂定球，如果刚开始打的那个球5分钟之内能找到，则用那个球继续打。如果找不到，则算遗失球，暂定球成为使用中的球，遗失球要罚一杆，打的暂定球算第三杆。

23.打暂定球之前没有宣布怎么办?

情况: 第一杆发球时可能出界了,你想打一个暂定球,但是没向大家宣布就打出去了,怎么办?

处理: 没有宣布就不算暂定球,要罚一杆。这个球成为使用中的球,而开始打的那个球算遗失球,也要罚一杆。所以没有宣布就打出去的球算第三杆。

完美挥杆第一步：高尔夫礼仪与规则

24.球被打到悬崖下面怎么办?

情况：第一杆发球时，球被打到悬崖下面，无法寻找或者继续再打，怎么办呢？

处理：这时球员不用再去寻找那个球，应向大家宣布那个球为死球。球员可以从发球区重新打。死球要罚一杆，重新打的那杆算第三杆。

三、高尔夫规则

25.发球时球飞到别的球洞区怎么办？

情况：第一杆发球时，球没有打到应进洞的果岭上，而是飞到旁边的另一个果岭上了，怎么办？

处理：即使球飞到别的果岭上，这个球也算使用中的球，此时球员应该继续打，将这个球打到应该进的洞里。

 完美挥杆第一步：高尔夫礼仪与规则

26.在向下一个洞的发球区行进的途中可以练习吗?

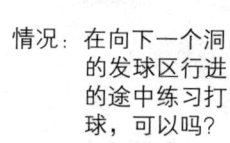

情况：在向下一个洞的发球区行进的途中练习打球，可以吗?

处理：不可以，在洞与洞之间，除在发球区附近练习推杆和近距离击球以外，不能进行练习，如果违反要罚两杆。

三、高尔夫规则

常用规则（四）

1.可以问距离球洞区有多远吗？

情况：在击球之前，可以询问球童到果岭的距离是多少吗？

处理：球员可以向自己的球童询问他知道的相关信息，且像沙坑、水池的位置等这些大众都知道的事情问谁都可以。

 完美挥杆第一步：高尔夫礼仪与规则

2.可以在打球的方向做个记号吗？

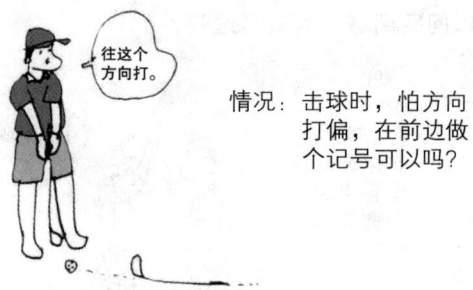

情况：击球时，怕方向打偏，在前边做个记号可以吗？

处理：在击球前，球员可以在飞球线上做记号，但在开始打时必须将其拿走。

三、高尔夫规则

3.可以把草坪上的松果当球练习吗？

情况：草坪上有个松果，可以把它当球打吗？

处理：草坪上的松果、树叶等，可以把它们当球来练习，但如果这些东西是从别的地方拿来的，就属于犯规的行为。

· 57 ·

4.将后一组球员打过来的球又打了回去怎么办？

情况：后面一组球员将球打了过来，球员出于愤怒又将球打了回去，怎么办？

处理：这种行为既不是练习也不是打错球，要给予球员加罚两杆的处罚。

三、高尔夫规则

5.打出去的球碰到了其他球员静止的球怎么办?

情况：打出去的球正好碰到了同伴球员静止着的球，怎么办?

处理：在打出的球停止的位置继续击球，被碰到的球放回原来的位置即可。如果原来的位置不清楚，应在尽量接近原来的位置处、远离球洞的地方抛球。

完美挥杆第一步：高尔夫礼仪与规则

6.练习挥杆时球动了怎么办？

情况：在练习挥杆时，杆头不小心碰到了球，使球移动了，怎么办？

处理：无论怎样，只要动了使用中的球，比赛者就要被罚一杆。这时应将球拿回原位。如果没有拿回原位，则再罚一杆。

三、高尔夫规则

7.做击球准备时球移动了怎么办？

情况：在做击球准备时球动了，怎么办？

处理：罚一杆，这时球员应把球拿回原处再打。

完美挥杆第一步：高尔夫礼仪与规则

8.球被自己的球童误踢了怎么办？

情况：自己的球童误踢了自己的球，怎么办？

处理：自己的球童与本人同等对待，即使是误踢也要罚一杆，然后将球放回原位。

三、高尔夫规则

9.自己的球童误踢了其他球员的球怎么办?

情况：自己的球童不小心误踢了其他比赛者的球，怎么办？

处理：这种情况不用受罚。因为自己的球童对于其他球员来说属于局外者，只要把球放回原位即可，但如果两位球员共用球童的话，同伴比赛者要被罚一杆。

· 63 ·

10. 以为原来的球遗失而换了球,却发现它在洞中怎么办?

情况: 以为原来的球遗失了,以其他球作为使用中的球,可是后来发现原来的球已经进入洞中了,怎么办?

处理: 这种情况不受处罚。高尔夫运动是从发球区开始至球进洞为止来计分,因此当球进入洞中该洞的球即告结束。打了其他的球不算打错球也不是打球练习。

三、高尔夫规则

11.认为球在这里可就是找不到怎么办？

情况：明明看到球落在某处，可就是找不到，又没打暂定球，怎么办？

处理：如果五分钟内找不到球，那么这个球就算遗失球，要罚一杆。这时球员应回到打球的地方再打一次。

 完美挥杆第一步：高尔夫礼仪与规则

12.距离球洞较近的球先被打了怎么办？

情况：应该是由距球洞远的球员先打，可距离球洞近的人先打了，怎么办？

处理：没关系，只要在球停止的位置继续打即可。但是如果一组球员为了其中一个人的利益故意弄错顺序的话，那么这组球员均被淘汰。

三、高尔夫规则

13.距离一样的时候谁先打呢？

情况：如果两个人的球离洞一样远，应该由谁先打呢？

处理：两个或者两个以上的球离洞一样远时，应以抽签的方式决定谁先打。

14.测量球的距离时球动了怎么办？

情况：两个球的距离非常近，在测量哪个球离洞更近时使球的位置移动了，怎么办？

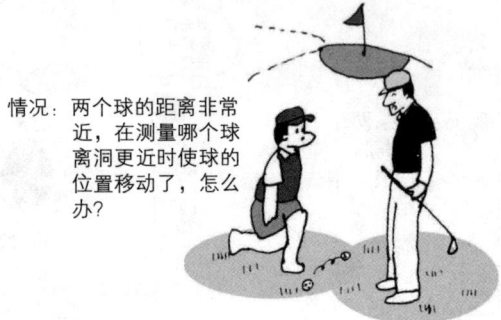

处理：这种情况球员不受处罚，但要把球放回原处。

三、高尔夫规则

15.球离得太近没有办法击打怎么办？

情况：两个球离得太近，妨碍到球员击球，怎么办？

处理：如果影响到对方击球，可以让同伴球员做个标记把球拿起来，如果同伴拒绝将被取消资格，这个球由比赛者自己拿起。

16.打第二杆时球出界了怎么办？

情况：打第二杆时，球被打到了界外，怎么办呢？

处理：这种情况要罚一杆，在打第二杆的位置重新抛球再打，这时算第四杆。

三、高尔夫规则

17.错打了别人的球怎么办?

情况：两个球很接近，你看错了而打了别人的球，怎么办？

处理：这种情况错打的球员要罚两杆，然后回到自己球的位置再打。另外的球员不会受罚，但要把球拿回原处再打，如果球捡不回来，可以换球。

· 71 ·

完美挥杆第一步：高尔夫礼仪与规则

18.把树叶拿开时球动了怎么办？

情况：球被落下的树叶盖住了，把叶子拿开时球动了，怎么办？

处理：落叶和树枝等属于散置障碍物，球员在取除一杆范围以内的散置障碍物时使球移动要罚一杆，并把球放回原位。

三、高尔夫规则

19.球坏了可以换吗?

情况：球员在打球过程中发现自己的球坏了，可以换吗？

处理：如果确认球已经不能使用，可以换另一只，并将替换的新球放回到原来的位置。注意在拿起球之前必须向记分员或一同比赛的球员说明，否则擅自拿起要被加罚一杆，擅自替换要被罚两杆。

完美挥杆第一步：高尔夫礼仪与规则

20.球没法打时怎么办？

情况：球停在了树根中间，没办法击打怎么办？

处理：球员可以宣布自己的球为死球，在接受加罚一杆的处罚之后，以球为圆心，在远离球洞两个球杆长度为半径的范围内抛球，重新打球。

三、高尔夫规则

21.球停在道路上怎么办?

情况：球停在了球车用的道路上，怎么办？

处理：道路属于障碍物的一种，此时球员可以得到救济而不受罚。这时可以将球移开，在距离球洞一个杆儿的长度内抛球。

 完美挥杆第一步：高尔夫礼仪与规则

22.球停在了整修地上怎么办？

情况：球跑进了整修地怎么办？

处理：如果当地的打球规则没有规定球员必须在整修地打，球员可以拿起球到旁边的草坪上，在远离球洞一杆以内的范围内抛球。

三、高尔夫规则

23.球停在临时积水区怎么办?

情况：球进了临时积水区，可以打吗？

处理：如果当地规则不允许球员补救，则球员必须在那里打。如果允许补救，要在水边不靠近球洞的一个球杆范围之内抛球。

24.球打到树上弹回来又打到自己怎么办?

情况:球被打到树上,突然又弹回打到了自己,怎么办?

处理:球如果打到树上停下来,则应该继续打。如果球打到自己、同伴、球童或携带品上,则球员被罚两杆,然后在球停止的地方继续打。

25.球打进了长草区可以用手摸草吗？

情况：球打进了长草区里，为了确认是不是自己的球，可以用手摸草吗？

处理：球员为了寻找和确认球，可以手去摸草，但不能改变球的位置。

完美挥杆第一步：高尔夫礼仪与规则

26.手摸草时球动了怎么办?

情况：为了寻找自己的球，手摸草时球动了，怎么办?

处理：如果无意中球被移动，则球员不受罚，球应当放回原处。如果是为了击球方便而故意改变球的位置，则球员被罚两杆。

三、高尔夫规则

27.把球拿起来看可以吗?

情况：为了确认是不是自己的球，可以拿起来看吗？

处理：可以，但要向记分员或同伴说明，并在拿起球之前标定球的位置，看完后放回原位。擅自将球拿起要加罚一杆，拿起时未做标记要再加罚一杆。

完美挥杆第一步：高尔夫礼仪与规则

28.重打了一个球又找到了遗失的球怎么办？

情况：找球没找到，又重打了一个球，但后来又看到了自己原来的球，怎么办？

处理：如果是在五分钟之内找到，则不算球遗失，要继续打原来的球，打暂定球的杆数和罚杆被取消。如果寻找的时间超过五分钟，即使找到了也还是算遗失球。

29.球陷入地面不能打怎么办？

情况：在球道的短草区，球因下落时的冲击力而陷入地面，没办法打怎么办？

处理：这时可以将球拿起、擦拭，并尽量在接近球停止的地方远离球洞抛球，不受处罚。

完美挥杆第一步：高尔夫礼仪与规则

30.球停在不能打的位置怎么办？

情况：球停在立桩或栅栏下面，不能挥杆，怎么办？

处理：墙壁、栅栏、立桩和栏杆等都属于不可移动障碍物，这时你可以采取补救而不受罚，可在远离球洞一杆范围内抛球。

三、高尔夫规则

31.抛球时球没停下来怎么办?

情况：抛球后球没有停下来，滚到其他地方去了，怎么办？

处理：当球滚到下列场所不受罚，可重新抛球：①障碍区；②果岭上；③界外；④需要采取补救的地点；⑤靠近球洞的地方。如果再抛一次还是不行的话，就在第二次抛球落下的地方把球放置好。

32.球在"OB"桩旁边不能挥杆怎么办?

情况：球停在"OB"桩旁边，并没有出界，可是不容易挥杆，怎么办?

处理："OB"桩不属于障碍物，它属于球场之外的东西，所以这种情况不能得到补救。此时球员必须继续打球，也可以宣布此球为死球，或者在不靠近洞两杆的范围内抛球，此时要被加罚一杆。

三、高尔夫规则

33.球在斜坡上，可以把地弄平吗？

情况：球在斜坡上，球员为了站得稳一点，可以把脚下的地弄平吗？

处理：球员不可以修整地面的不平整状态，要保持双脚踏稳不滑下去，否则要被罚两杆。

 完美挥杆第一步：高尔夫礼仪与规则

34.树枝影响挥杆，可以把它折断吗？

情况：打球时，后侧有一根树枝影响挥杆，可以把它折断吗？

处理：球员不能移动、弯曲或折断任何生长物或固定物以改善挥杆区域，如果把它折断的话要被罚两杆。

三、高尔夫规则

35.挥杆时把树枝弄断了怎么办?

情况：在击球的过程中把树枝弄断了，怎么办？

处理：击球时球杆向后方运动弄断了树枝没有关系，但如果球员并未正式击球，而在球的附近挥杆将树枝弄断，被认为是故意改变击球环境，要罚两杆。

完美挥杆第一步：高尔夫礼仪与规则

36.落在树枝上的球不能确定是不是自己的怎么办？

情况：球落在树枝上了，又不能确定是不是自己的，怎么办？

处理：这时算遗失球，球员要被罚一杆，回到原来打球的位置再打一球。

三、高尔夫规则

37.球在树枝上怎么打？

情况：自己的球落在树枝上怎么打？

处理：这时应宣布球为死球，球员被罚一杆，回原处打，或者在距离球洞两杆范围内抛球。

完美挥杆第一步：高尔夫礼仪与规则

38.球打到球童怎么办?

情况：球打到树又弹回来打到了球童，怎么办？

处理：打到自己的球童或者与其他球员的共用球童，都要被罚两杆，由球落下的地方继续打。

三、高尔夫规则

39.球打到装球杆的推车怎么办?

情况：球打到装球杆的推车，怎么办？

处理：打到自己的推车或共用推车，球员都要被罚两杆，如果打到同伴比赛者的推车（属局外者）则不用受罚。球员应在球停止的地方继续打，如果球停在推车上，应在推车旁边抛球。

完美挥杆第一步：高尔夫礼仪与规则

40.小狗把球叼走了怎么办?

情况：球在草地上滚动时被一只小狗叼走，怎么办？

处理：小狗属于有生命的局外者，此时球员不受处罚。在尽量接近小狗叼走球的位置抛球，如果球不能收回，可以换另一个球。

三、高尔夫规则

41.球被车带走了怎么办？

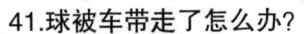

情况：球打到了一辆过路的车上被带走了，怎么办？

处理：过路的车属于局外因素，此时球被带走球员不受罚，要在尽量接近车带走球的位置抛球再打。

球是在这里被带走的。

42.在击球时球杆碰了两次球怎么办?

情况：在击球的过程中，球杆碰了两次球，怎么办?

处理：球员在一次击球过程中，球杆碰球在一次以上，应算击球一次，并加罚一杆，此时共罚两杆。

三、高尔夫规则

常用规则（五）

1.不用的球杆可以放在沙坑里吗？

情况：球员带了两支球杆进入沙坑，可以将不用的球杆放在沙坑里吗？

处理：可以把不用的球杆放在沙坑里，但是要轻轻地放置，不能按压地面。

完美挥杆第一步：高尔夫礼仪与规则

2.球被埋在沙里想要确认怎么办？

情况：球被沙子埋住了，球员想要确认具体位置，怎么办？

处理：球员可以通过试探、拨扫或其他方式将覆盖的沙土取除，以能看到球的一部分为限，在取除过程中球被移动也没关系，只要放回原位即可。

三、高尔夫规则

3.球的旁边有很多树叶，可以清除吗？

情况：球的旁边有很多树叶，影响挥杆，可以清除吗？

处理：在沙坑中不能取除散置障碍物，这种情况下必须在原状态下打，如果违反，球员要被罚两杆。

 完美挥杆第一步：高尔夫礼仪与规则

4.为了站得更稳一些，把沙子踏平可以吗？

把它踩平。

情况：沙子很软，为了站得稳一些，可以把脚下的沙子弄平吗？

处理：在沙坑中只要能够站稳就可以，不能故意改变站位的状态。如果违反，球员要被罚两杆。

啊！罚两杆。

三、高尔夫规则

5.杆头碰到沙子怎么办?

情况：在做击球准备时，杆头碰到了沙子，怎么办？

处理：在沙坑内做击球准备时，杆头不允许碰到沙子，如果碰到，球员要被罚两杆。

完美挥杆第一步：高尔夫礼仪与规则

6.准备击球站位时球动了怎么办?

情况：由于沙子很软，在采取站位时球动了，怎么办?

处理：这种情况下只要把球放回原处即可。

三、高尔夫规则

7.挥杆时碰到沙子怎么办?

情况：在沙坑中击球，挥杆时杆头碰到沙子，怎么办？

处理：在击球时球杆碰到沙子不用受罚。但如果是空挥，杆头碰到沙子就算打了一杆。

8.球在沙坑的草里面怎么办?

情况:在沙坑中长出了一小块草,球正好落在上面,怎么办?

处理:球在沙坑的草里面就不算沙坑中的球,这种情况下打球与在球道上是一样的。

三、高尔夫规则

9.拿开工具时球动了怎么办?

情况：在拿开整理沙坑的工具时，刚刚从沙坑中被打出的球又滚入了沙坑，怎么办？

处理：球滚入沙坑是由移开整理沙坑的工具（属于可移动障碍物）造成的，此时球员不受罚，应把球重新放回原位。

 完美挥杆第一步：高尔夫礼仪与规则

10.挥杆时碰到沙坑边上的草怎么办？

情况：在击球时，球杆碰到了沙坑边上的草，怎么办？

处理：这种情况下球员不受罚，可以继续打。

三、高尔夫规则

11.打了别人的球怎么办？

情况：球在沙坑中露出一小部分，此时球员判断失误错打了别人的球，怎么办？

处理：这种情况下球员不受处罚，误打的杆数不计数，球员把误打的球放回原位再去打自己的球即可。

完美挥杆第一步：高尔夫礼仪与规则

12.两个球挨在一起怎么办？

情况：在沙坑中两个球靠得很近，并排在一起，由谁先打呢？

处理：这时可用抽签的方式决定由谁先打，也可以共同协商由其中一人把球拿起，待一个人打完后把球放回原位再打。

三、高尔夫规则

13.球被打到界外怎么办？

情况：在沙坑中球被打出界外，怎么办？

处理：这时球员被罚一杆，然后在原地抛球重新打。

 完美挥杆第一步：高尔夫礼仪与规则

14.别人击球时沙子把自己的球盖住了怎么办?

情况：别人击球时扬起的沙子把自己的球盖住了，怎么办？

处理：可以用拨扫的方式取除盖在球上面的沙。如果球动了要把它放回原位。

三、高尔夫规则

15.打出沙坑的球又滚回来怎么办？

情况：球被打出了沙坑又滚了回来，怎么办？

处理：这种情况也要算一杆，然后在球停止的位置再打。

 完美挥杆第一步：高尔夫礼仪与规则

16.球停在沙坑上方的边缘，不能打怎么办？

情况：球正好停在沙坑上方的边缘，想打而不能打，怎么办？

处理：宣布此球为死球，球员被罚一杆，回到刚才的位置重打。或者在球停止的位置两杆范围内重新抛球，也可以在球与球洞连线的后方抛球。注意抛球时球员必须在沙坑内。

三、高尔夫规则

17.球落在沙坑的积水中怎么办?

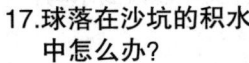

情况:沙坑中有一块临时积水,球正好落在里面,怎么办?

处理:你可以就在积水里打,如果影响到打球,可以不受处罚,在沙坑内尽量接近球停止的位置抛球;如果积水面积很大,无法在沙坑中抛球,则球员被罚一杆,在球原来的位置与球洞连线的后方抛球。

完美挥杆第一步：高尔夫礼仪与规则

18.打临时积水中的球，杆头可以碰到水吗？

情况：球落在沙坑的临时积水中，此时击球，杆头可以碰到水吗？

处理：临时积水不是水障碍，因此杆头碰到水面没有关系。

三、高尔夫规则

常用规则（六）

1.球被打入了水障碍怎么办？

情况：球被打入了水塘中，怎么办？

处理：这时球员要被罚一杆，然后在刚才的位置再打一个球，或者在水障碍的后方，在球洞与球越过水障碍的界线的连线上抛球。

完美挥杆第一步：高尔夫礼仪与规则

2.球进入水障碍可以打吗？

情况：水障碍中的水并不深，也可以看到球，此时能打球吗？

处理：此时可以打球，但是击球前不能测试水的状况，杆头不能碰到水面，不能触及或移动水面散置障碍物，如果违反，球员要被罚两杆。

三、高尔夫规则

3.球在泥里不知是否为自己的怎么办?

情况：球陷进泥里不知道是否为自己的，怎么办？

处理：此时不能拿起球看，但是如果打了之后发现是别人的球也没关系，误打的杆数不计数，把球放回原位，再去打自己的球即可。

4.球在水中运动时可以打吗?

情况:球在水障碍中运动时可以打吗?

处理:可以打,但是不能等风或水流改善球的位置而延误击球。

5.水中的球没有打出来怎么办？

情况：本来想把水障碍中的球打出来，可是没达到效果怎么办？

处理：此时球员要被罚一杆，回到障碍区外最后一次击球的位置重打。

完美挥杆第一步：高尔夫礼仪与规则

6.水中的球被打出界怎么办？

情况：球在水障碍中被打出来，可是打出了界外怎么办？

处理：这时球员可以选择以下任一处理方法①罚一杆，在水中打球的位置重打；②罚一杆，回到打入水障碍之前的位置重打；③罚两杆，到水障碍后方与球洞成直线的地点抛球，重新打。

还是回去重新打吧。

三、高尔夫规则

7.在水障碍区内可以宣布球为死球吗?

情况：球被打入水障碍区，但并没有落入水中，而是停在了水障碍区边缘，这时无法挥杆，可以宣布此球为死球吗？

处理：在水障碍区中不能宣布死球，要按照打入水障碍区球的处理办法选择怎么打。

完美挥杆第一步：高尔夫礼仪与规则

8.球落入水里又跳了出来怎么办？

情况：击球时，球落入水中，但只是接触了一下水面又跳出来，怎么办？

处理：以球停止的位置为准，如果停在障碍区中就算障碍区中的球，停在球道上就算球道上的球。这种情况下直接打球即可。

三、高尔夫规则

9.球被打进了侧面的水障碍中怎么办?

情况：球被打进了侧面的水池中，怎么办？

处理：球员被罚一杆，可以回到刚才打球的位置重打；也可以在球洞与球连线的后方抛球；或者在侧面水障碍的对岸，在与球洞距离相等的地点两杆范围之内抛球。

完美挥杆第一步：高尔夫礼仪与规则

常用规则（七）

1.拿起球时忘了做标记怎么办？

情况：在果岭上拿起球时忘了做标记，怎么办？

处理：在果岭上拿起球时一定要做记号，否则要被罚一杆，把球放回原位。

三、高尔夫规则

2.推击线上有树叶怎么办?

情况: 在推杆时,推击线上有几片树叶,可以把它们拿开吗?

处理: 球员可以将沙、浮土、树叶或者其他散置障碍物拿起或者用球杆扫除,但不能有按压的动作。

完美挥杆第一步：高尔夫礼仪与规则

3.把球杆放在推击线上可以吗？

情况：推球时，可以把杆头放在球前面或者把推杆放在推击线上吗？

可以放在前面。

处理：在做击球准备时，可以把杆头放在球前面，但不能按压地面。把推杆放在推进线上是被禁止的。

三、高尔夫规则

4.在测量距离时可以碰推击线吗？

情况：两个球距离洞的位置差不多，在进行测量时可以碰推击线吗？

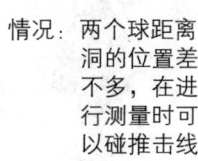

处理：在进行测量时可以碰推击线，此时即便碰到球也没关系，只要将其放回原位即可。

 完美挥杆第一步：高尔夫礼仪与规则

5.拿起球时碰到推击线怎么办？

情况：拿起球时不小心碰到推击线，怎么办？

处理：在果岭上球可以被拿起，拿球时不小心摸到推击线也没关系。可以擦拭拿起的球，但要将其放回原处。

碰到线没关系。

6.可以整理推击线上的痕迹吗？

情况：在推击线上有一些痕迹，可以将其整理好吗？

处理：在果岭上，球员可以修整旧洞埋迹或因球的冲击对地面造成的损伤。修整的过程中球员可以碰到推击线，此时球被偶然移动也没关系，但要将其放回原位。